imagem&texto

Monteiro Lobato

Quando o carteiro chegou...

Cartões-postais a Purezinha

Organização e apresentação de Marisa Lajolo

Transcrição e notas de Emerson Tin

1ª edição

© Monteiro Lobato - Todos os direitos reservados, 2006

COORDENAÇÃO EDITORIAL	Maristela Petrili de Almeida Leite
EDIÇÃO DE TEXTO	Erika Alonso
TRANSCRIÇÃO E NOTAS	Emerson Tin
COORDENAÇÃO DE PRODUÇÃO GRÁFICA	André Monteiro, Maria de Lourdes Rodrigues
COORDENAÇÃO DE REVISÃO	Estevam Vieira Lédo Jr.
REVISÃO	Miguel Angelo Facchini
EDIÇÃO DE ARTE/PROJETO GRÁFICO	Ricardo Postacchini
DIAGRAMAÇÃO	Camila Fiorenza Crispino
COORDENAÇÃO DE PESQUISA ICONOGRÁFICA	Ana Lucia Soares
IMAGENS	Cedidas pelo CEDAE/IEL/Unicamp
	As fotos das imagens do potinho de barro identificadas com a sigla CID foram fornecidas pelo Centro de Informação e Documentação da Editora Moderna.
	Fotos de Luciano Baneza.
COORDENAÇÃO E TRATAMENTO DE IMAGENS	Américo Jesus
TRATAMENTO DE IMAGENS	Fabio N. Precendo
SAÍDA DE FILMES	Helio P. de Souza Filho, Marcio H. Kamoto
COORDENAÇÃO DE PRODUÇÃO INDUSTRIAL	Wilson Aparecido Troque
IMPRESSÃO E ACABAMENTO	Corprint Gráfica e Editora Ltda.

Este livro é fruto de pesquisa financiada pela FAPESP e CNPq.

Dados Internacionais de Catalogação na Publicação (CIP)
(Câmara Brasileira do Livro, SP, Brasil)

Quando o carteiro chegou... Cartões-postais a Purezinha / organização e apresentação de Marisa Lajolo transcrição e notas de Emerson Tin. — 1. ed. — São Paulo : Moderna, 2006. — (Série imagem & texto)

1. Cartas brasileiras 2. Cartões-postais 3. Lobato, Monteiro 1882-1948 4. Natividade, Maria da Pureza (Purezinha), 1885-1959 I. Lajolo, Marisa. II. Tin, Emerson. III. Série.

06-2506   CDD-869.96

Índices para catálogo sistemático:
1. Cartões-postais : Literatura brasileira   869.96
2. Correspondência : Literatura brasileira   869.96

Reprodução proibida. Art.184 do Código Penal e Lei 9.610 de 19 de fevereiro de 1998.

Todos os direitos reservados
EDITORA MODERNA LTDA.
Rua Padre Adelino, 758 - Belenzinho
São Paulo - SP - Brasil - CEP 03303-904
Vendas e Atendimento: Tel. (0_ _11) 2790-1500
Fax (0_ _11) 2790-1501
www.moderna.com.br
2009
Impresso no Brasil

In memoriam de Purezinha Natividade.
Em homenagem a Joyce Campos Kornbluh.

Sumário

1. Um tesouro de papéis
Marisa Lajolo
página 6

2. Uma história de amor verdadeira
Marisa Lajolo
página 12

3. Correio amoroso
Cartões-postais e transcrições
Como ler os cartões-postais
página 23

4. Árvore genealógica
página 89

5. Biografias
Monteiro Lobato
Maria da Pureza Natividade (Purezinha)
página 90

1. Um tesouro de papéis

Marisa Lajolo

Você sabe, é claro: algumas das melhores histórias de aventuras têm episódios que envolvem mistérios e tesouros. Às vezes, até tesouros misteriosos! *Aladim e a lâmpada maravilhosa* é um bom exemplo clássico, em que brilham pedras e metais preciosos que costumam incendiar a imaginação do público. Como num tapete voador, o leitor viaja pela fantasia guiado por mapas em tinta invisível e fórmulas de encantamento...

Recorro, então, à metáfora de um tesouro para dar início à história do acervo (= coleção de objetos; neste caso, textos) de onde vieram os postais que constituem este livro. É uma história de tesouro sem *era uma vez*, sem lâmpadas ou tapetes mágicos e sem vilões.

Tesouro de verdade, de papel e tinta.

A história principia quando uma aluna da Universidade Estadual de Campinas (Unicamp), Cilza Carla Bignotto, que pesquisava a obra de Monteiro Lobato, encontrou em Santos, cidade do litoral paulista, uma grande quantidade de livros raros desse autor. O achado era muito importante. Permitia, por exemplo, que se conhecesse a *história das histórias* de Lobato. Ele era um escritor muito exigente, que a cada nova edição de seus livros reformulava tudo. As alterações afetavam o texto, a capa, as ilustrações, e com isso, de uma edição para outra, em alguns casos, era quase como se o leitor tivesse em mãos um livro novo.

A comparação entre as várias edições encontradas em Santos permitiu descobrir, por exemplo, que as primeiras histórias infantis de Lobato eram muito menos criativas do que as escritas a partir de 1920, mas que foi só mesmo a partir de 1931 que ele acertou a mão e produziu a admirável obra que conhecemos hoje.

Ou seja, as pesquisas no acervo mostraram que Monteiro Lobato não *nasceu* bom escritor, mas *tornou-se* bom escritor, retrabalhando seus textos, discutindo-os com amigos, procedimentos também comuns a muitos outros escritores.

Saber isso é importante porque desmistifica – a partir de um grande autor – a idéia de que *tem gente que nasce com o dom da escrita*, ou que *escritor bom já nasce feito* ou ainda de que *escrever bem depende de inspiração*. A pesquisa mostrou que um bom texto é resultado de dedicação, leitura e re-escritura constantes. Prova disso são os originais lobatianos, todos muito rasurados, corrigidos, re-escritos.

Junto com as obras *de* Monteiro Lobato, o acervo que vinha de Santos também incluía livros que ele *editou*. Esses livros, quase todos raros e difíceis de serem encontrados, permitiam que se conhecesse melhor o Monteiro Lobato que, durante alguns anos, foi editor. Ser editor, ao tempo e à maneira de Monteiro Lobato (e num certo sentido até hoje), era uma atividade que incluía escolher, entre vários originais apresentados à editora, quais iria publicar; incluía, também, muitas vezes, palpitar no enredo, discutir capa e ilustrações e planejar o lançamento do livro tentando conseguir notícias e resenhas na imprensa.

Afinal, um homem que tinha a leitura em tão alta conta a ponto de dizer – em Washington, impressionado com a Biblioteca do Congresso – que *um país se faz com homens e com livros* devia fazer livros que agradassem ao público brasileiro com capas e ilustrações caprichadas, insinuantes e chamativas, não é mesmo?

A pesquisa nos livros encontrados em Santos mostrou que, efetivamente, as obras que ele editava satisfaziam o público e ajudavam a ampliar o número de leitores no Brasil. Mostrou também que esse sucesso se devia ao investimento em escritores novos e a formas originais de divulgação. Métodos alternativos como os que ele empregou – *vender livros em lojas de outros ramos*, por exemplo –, se adotados hoje, talvez facilitassem o acesso aos livros, questão apontada por inúmeras pesquisas como obstáculos a um maior coeficiente de leitura no Brasil.

Assim, as pesquisas iniciais eram promissoras e era preciso garantir o acesso de todos os interessados ao acervo encontrado.

Com apoio da Fundação de Amparo à Pesquisa do Estado de São Paulo (Fapesp) e da Unicamp, foi possível comprar, organizar e disponibilizar o material e montar um grupo de pesquisa sobre Monteiro Lobato. A incorporação deste acervo à universidade, em 1999, foi uma cerimônia especial para a qual foram convidados a sra. Joyce Campos Kornbluh (neta do escritor) e seu marido, o dr. Jorge Kornbluh.

Nasceu desse contato de pesquisadores da Unicamp com familiares do escritor a iniciativa de Joyce e de Jorge – em nome de todos os herdeiros – de depositarem no Centro de Documentação "Alexandre Eulálio" (CEDAE) do Instituto de Estudos da Linguagem (IEL) da Unicamp o arquivo pessoal de Monteiro Lobato que estava sob sua guarda. Com isso, em dezembro de 2000, um verdadeiro tesouro de documentos e livros foi incorporado ao acervo inicial que tinha vindo de Santos.

As expectativas de pesquisa para melhor conhecimento de um escritor muito importante eram extremamente promissoras, concorda?

Os novos documentos (quase dois mil itens) chegaram ao CEDAE nas mais diferentes embalagens: arquivos de papelão, engradados, mala de couro, pastas, caixas e envelopes avulsos.

Dentro, um mundo de papel e tinta.

Correspondência, livros, documentos pessoais e familiares, um caderno de receitas, recortes de jornal (alguns pequenos, medindo dez por doze centímetros), originais (alguns imensos, por exemplo, um grosso volume da história de *Orlando Furioso*, do escritor italiano Ariosto, que Lobato provavelmente estava adaptando para o público juvenil), fotografias, aquarelas, bicos de pena, desenhos e alguns (poucos) objetos.

Entre esses últimos, um toque sentimental: um belo leque pintado por Lobato, que foi um dos primeiros presentes que ele deu à namorada e futura esposa, a Purezinha, destinatária dos postais que este livro reúne.

Trazido o acervo para o CEDAE, começava o trabalho que iria transformar papéis em documentos: o material que hoje constitui o Fundo Monteiro Lobato (FML).

Bem cedo se viu que a documentação reunida era importantíssima, não apenas para estudos sobre Monteiro Lobato, mas também para se conhecer melhor a cultura brasileira da primeira metade do século XX.

Os acervos documentais são tão importantes para o desenvolvimento de um país quanto os laboratórios de biologia ou de informática. Em museus e arquivos, registra-se a memória de um povo. No caso do FML, trata-se de uma memória coletivamente produzida por Monteiro Lobato, sua família e seus correspondentes. Ainda que eles não soubessem (ou será que Lobato desconfiava?), eles estavam *fazendo história*.

Os seres humanos sempre se empenharam em deixar no planeta Terra marcas de sua vida. Dos desenhos nas cavernas às grafites contemporâneas, dos antigos blocos de argila nos quais os assírios inscreviam orações e transações comerciais aos *blogs* de hoje, a vontade de registrar-se na história e de ter esses registros lidos por outros parece acompanhar a humanidade. Acervos de museus e de arquivos, como uma máquina do tempo, preservam ações, pensamentos, sentimentos e opiniões de homens e mulheres que testemunharam e registraram os tempos em que viveram. Por isso, pelos documentos do FML podemos transportar-nos a um tempo antigo, que se prolonga e repercute em nosso *agora*, em nosso *hoje*.

Porque são tão preciosos, arquivos documentais precisam ser bem-organizados, bem-conservados e estar disponíveis. O papel – suporte da maior parte do material lobatiano recebido pela Unicamp – é material frágil, muito sensível à claridade, à temperatura e à umidade. Deteriora-se com muita rapidez e, por isso, a primeira providência foi (como sempre ocorre quando chega um novo acervo a uma instituição) a limpeza do material recebido. Era preciso eliminar dele poeira, resíduos de cola, pedaços de fita adesiva, fragmentos de outros papéis e os eventuais insetos que se alimentam da fibra presente no papel.

Parte do material ficou de quarentena em sacos plásticos especiais para eliminar insetos e microorganismos, e depois, com muito cuidado, e com escovas apropriadas, todos os mais de dois mil itens recebidos foram limpos.

Seguiu-se a isso a restauração do material: rasgos precisavam ser consertados, furos preenchidos, manchas removidas, capas restauradas e livros encadernados. Todas essas ações de restauro realizaram-se (como deve sempre ocorrer) sem prejuízo das características originais dos livros e dos documentos, mas, ao mesmo tempo, tornando segura sua manipulação por pesquisadores.

Quem hoje vai à Unicamp pesquisar o FML encontra documentos acondicionados em envelopes e pastas, dispondo cada um deles de uma planilha, que descreve seu conteúdo, e de um código de referência composto de números e de letras que os identifica[1].

Pastas e envelopes, por sua vez, organizam-se em séries e subséries, que reúnem documentos segundo certos critérios. Por exemplo: correspondência, documentos de família, fotografias, pinturas e assim por diante. A classificação pode também esmiuçar-se em subséries, como as que dividem a correspondência de Monteiro Lobato: *ativa* (cartas escritas *por* Monteiro Lobato), *passiva* (cartas escritas *para* Monteiro Lobato) e *de terceiros* (cartas nem escritas nem enviadas por ele, mas que por alguma razão se encontram junto com as outras).

Feito isso, o acervo está pronto para ser reproduzido através de microfilme, fotografia digital ou outra tecnologia, de forma que o resultado permita tanto que o público tenha acesso a uma cópia o mais fiel possível do original, quanto garanta sua conservação.

---

[1] A organização arquivística do FML ficou a cargo da equipe do CEDAE.

Com certeza, Lobato adoraria ver uma aquarela sua na internet ou uma imagem digital da primeira edição de *Reinações de Narizinho* (cf. http://lobato.globo.com). Entusiasmado com tecnologias, ele foi um dos primeiros escritores brasileiros a usar máquina de escrever e a recomendar a novidade aos amigos.

Uma das dimensões mais gratificantes do trabalho com documentos é a transcrição de manuscritos. Parece um ritual: às vezes, é necessário trabalhar com luvas para não contaminar os documentos e recorrer a lentes ou à projeção do documento para conseguir decifrá-lo. Caligrafia e ortografia mais antigas pedem paciência, rigor, atenção a detalhes e fartas doses de, digamos, *imaginação informada*.

Imaginação também é um requisito da leitura. E transcrever manuscritos é uma tarefa que potencializa ao máximo as capacidades exigidas para a leitura: é preciso saber *interpretar* o manuscrito a partir do contexto – quem é o autor do documento? *Sobre o quê, para quem* e *em que condições* o texto foi escrito? Esse trabalho exaustivo, porém muito gratificante de transcrição dos documentos constantes do FML, foi realizado pela equipe de pesquisadores[2] que vem se ocupando do acervo.

Essa longa cadeia de pessoas e de trabalhos – pode-se dizer do garimpo à ourivesaria – teceu a teia a partir da qual foi possível esta publicação, que põe ao alcance de um público amplo os belos postais que documentam o noivado de Monteiro Lobato e Purezinha, aquela linda namorada para quem ele, um dia, pintou um leque...

---

[2] Adriana Silene Vieira, André Aparecido Garcia de Paula, Charlene Miotto, Cilza Carla Bignotto, Emerson Tin, Emília Raquel Mendes, Jaqueline Negrini Rocha, Kátia Nelsina Pereira Chiaradia, Liane Schiavon, Lucila Bassan Zorzato, Mariana Baldo de Genova, Milena Ribeiro Martins, Raquel Afonso da Silva, Tâmara Maria Costa e Silva Nogueira de Abreu, Thais Arruda e Thais de Mattos Albieri.

2. Uma história de amor verdadeira

Marisa Lajolo

Em 22 de março de 1906, na cidade de Taubaté, no interior paulista, um jornal publicava a seguinte notícia:

> *O dr. José Bento Lobato, promotor interino desta comarca, contratou casamento com a gentil senhorita Maria da Pureza Natividade, dileta filha do sr. dr. Francisco de Gouvêa Natividade, conceituado advogado residente em São Paulo, e sobrinha do dr. Bento Enéas, laborioso intendente municipal desta cidade.*[3]

O noivo era o hoje famoso escritor Monteiro Lobato (1882-1948) e a noiva, Dona Purezinha (1885-1959), como a chamavam todos. Os postais que este livro reúne acompanham esse noivado, contando a história a partir da perspectiva do noivo. No início, meio cerimonioso, escrevendo em código, endereçando o postal à noiva e à irmã dela (cf. p. 26 e 27). Já às vésperas do casamento, encontra-se um noivo impaciente, contando os dias que faltavam (cf. p. 74 a 79) para o grande evento.

---
[3] LOBATO, Monteiro. *Cartas de amor*. (Org. Cordélia Fontainha Seta). São Paulo: Brasiliense, 1969, p. 152.

Há cem anos, namorar, noivar e casar eram momentos vividos de uma forma diferente da de hoje. Os noivos, por exemplo, nunca ficavam sozinhos, havia sempre alguém fazendo sala para evitar o que se chamava *tomar certas liberdades*.

O caso é que o mundo moderno estava apenas se iniciando. Naquele começo do século XX a modernidade ganhava um marco importante, por exemplo, no primeiro vôo de um objeto mais pesado que o ar. O herói da façanha foi Santos Dumont, e o objeto desse celebrado 1º vôo, o 14-Bis, nome do avião e rima perfeita para *Paris*, palco do evento. No mesmo ano de 1906, Taubaté foi cenário de um acontecimento muito importante para a economia brasileira: governadores de vários estados reuniram-se lá para discutir a crise que afetava os cafeicultores, assustados com a superprodução de café. Firmaram um convênio de proteção aos produtores, ao qual a cidade deu nome: Convênio de Taubaté.

Para os noivos, porém, talvez nada disso tivesse muita importância: a família de Lobato já tinha perdido dinheiro com a crise do café, e noivos, contam os poetas, preferem ouvir e contemplar estrelas a discutir engenhocas voadoras ou preços de produtos de exportação.

Formado em Direito, mas desempregado, o noivo morava em Taubaté, onde veio a conhecer a noiva – uma prima afastada, neta de seu antigo professor, o dr. Quirino. Professora em São Paulo, a moça passava férias na casa de parentes. Ao levar café para o avô, que jogava xadrez com um amigo, ficou conhecendo o futuro marido. Começou o namoro, a um tempo em que namorar resumia-se em trocar olhares, dançar numa festa de família, às vezes andar lado a lado na praça, tudo sempre sob os vigilantes olhos de tias, primas ou irmãs da noiva. A imagem da página de dedicatória, por exemplo, reproduz um potinho de barro que Lobato deu à irmãzinha da noiva que "tomava conta" do casal. *Quem sabe ela se distraía um pouco, brincando de casinha...*

Depois de um namoro longo, e quase sempre a distância, Lobato e Purezinha casaram-se em 28 de março de 1908.

Com o noivo pobre, o noivado acabou sendo demorado, a um tempo em que não havia telefone nem, muito menos, internet. Mesmo os transportes de um lugar para outro eram precários: nem todas as cidades eram servidas por trens ou dispunham de estradas e, às vezes, era preciso cavalgar horas até chegar a uma estação de trem.

Sorte nossa, leitores do século XXI, essa dificuldade de comunicação: para se comunicarem, os noivos precisavam escrever. Neste livro, cartões-postais revelam aos olhos contemporâneos o dia-a-dia de um romance antigo, com os noivos vivendo em cidades diferentes: ela em São Paulo, ele primeiro em Taubaté e depois em Areias.

As cento e dezoito cartas de amor, parcialmente publicadas em 1969[4], cujos originais se encontram no IEL, reforçam e intensificam o que dizem os postais. Sugerem um noivo apaixonado, morando numa pacata cidadezinha interiorana, que conta à noiva seu cotidiano, jura-lhe amor eterno, tece planos para o futuro e reclama do espaçamento e do tamanho pequeno das cartas dela. As mensagens destes postais, ao atravessarem um século, parecem mostrar que noivos apaixonados talvez tenham os mesmos assuntos em qualquer tempo e lugar. Os cartões falam de amor, de saúde, de acontecimentos importantes e desimportantes, do tempo, de planos de viagem, das inevitáveis recomendações à família, das ocupações diárias, das saudades da noiva e da vontade de casar-se logo.

Infelizmente, não se conhece o lado feminino desta correspondência amorosa: consta que Purezinha destruiu todas as cartas e os postais que escreveu ao então noivo e depois marido. Este, como já se disse, no começo do noivado era um jovem advogado à procura de emprego, que seria conseguido apenas no ano seguinte por influência de seu avô, o Visconde de Tremembé.

Na espera da nomeação, Monteiro Lobato aparentemente vivia de pequenos e esporádicos serviços de advocacia, como informa a seu grande amigo, Godofredo Rangel:

---
[4] LOBATO, Monteiro. *Cartas de amor*. (Org. Cordélia Fontainha Seta). São Paulo: Brasiliense, 1969.

Estou promotor interino. Visito a cadeia no fim do mês, converso com os presos, mando um memorandum ao governo dizendo que a paz reina em Varsóvia[5] – e tudo desliza sobre mancais de bolinhas[6].

Fiz um contrato com a Câmara para cobrar os impostos atrasados. Negocinho[7].

É também por uma carta a Rangel que ficamos sabendo da nomeação de Lobato. Em 14 de abril de 1907 ele justifica não ter escrito ao amigo por estar empenhado

(...) na cavação de promotoria em que me empenhei em fevereiro e só agora, 4 de março, consegui levar a efeito, com derrota de um exército de candidatos. Estou nomeado promotor público da comarca de Areias.[8]

Aparentemente, a promotoria lhe dava longas horas ociosas, uma dádiva para quem gosta de escrever, o que é exatamente o caso de Monteiro Lobato. Além de muitos livros, ele também escreveu muitas cartas. Escreveu muito para os muitos amigos que tinha espalhados pelo Brasil e pelo mundo; portanto, nada a estranhar que, ao tempo de noivado, mergulhasse a noiva em cartas e, talvez, esperasse dela igual assiduidade epistolar.

Mas quem disse que uma professora tem tempo para ficar rabiscando longas e assíduas cartinhas, ainda que para o bem-amado? Talvez Purezinha não tivesse tempo, ou talvez a reclamação dele não tivesse fundamento. No entanto, ainda que falte *o outro lado* dessa conversa a dois, o que estes cartões revelam é suficiente para nos introduzir num romance fascinante cujas lacunas acendem a imaginação. Pois a imaginação cresce e se inflama, sobretudo quando se trata de questões amorosas de gente famosa, não é mesmo?

---

[5] "Reinar a paz em Varsóvia", expressão que pode ser lida com ironia: alude a episódios políticos vividos pela Polônia que, de forma violenta, sufocaram movimentos nacionais.
[6] "Deslizar sobre mancais de bolinhas", expressão que significa "ir bem". LOBATO, Monteiro. *A barca de Gleyre*. São Paulo: Brasiliense, 1956, t. 1, p. 145. Carta de 15/10/1906.
[7] *Ibid.*, t. 1, p. 149. Carta de 15/12/1906.
[8] *Ibid.*, t. 1, p. 158.

Ler correspondência de outra pessoa acarreta quase inevitavelmente um certo sentimento de bisbilhotice: afinal, estamos lendo algo que não foi, originalmente, destinado aos nossos olhos. No caso de correspondência publicada, a bisbilhotice é consentida. Mas, mesmo assim... O que será que Purezinha e Lobato pensariam se soubessem que, um século depois, milhares de pessoas leriam num livro o que havia sido escrito apenas para os olhos dela?

É bem provável que Monteiro Lobato não se importasse e, pelo contrário, até gostasse. Pois ele próprio organizou a publicação das quase trezentas cartas que enviou ao amigo de vida inteira, Godofredo Rangel. Ao preparar a publicação das cartas, cortou parágrafos, substituiu nomes próprios por iniciais, omitiu algumas cartas. E Purezinha talvez também não fizesse questão: depois da morte do marido, ela amorosamente organizou toda a papelada dele, inclusive as cartas de amor que, dez anos depois da morte da mãe, as filhas publicaram no já citado livro *Cartas de amor*.

Tudo isso sugere que tanto eles quanto seus descendentes sabem da importância documental da correspondência lobatiana e, assim, acertadamente, permitiram a transformação do privado em público. Sinal verde, portanto, para compartilhar com aquela noiva-do-tempo-antigo, de pele clara e cabelos loiros, os amorosos postais que ela recebia do noivo na casa dos pais, em São Paulo, onde morava, na Rua Santo Amaro, nº 18.

Consentida a curiosidade, melhor ainda se ela se traduzir num olhar amoroso e respeitoso para aqueles cuja vida se vai devassar: pois é com amor e respeito que todos nós gostamos que nossos escritos sejam lidos.

De qualquer forma, a leitura que se faz de correspondência publicada em livro é muito diferente, tanto da leitura original que de cada carta fez seu destinatário, quanto da leitura que faríamos de cada carta isoladamente.

Recebendo as cartas de uma em uma, às vezes com intervalo de muitos dias entre uma e outra, os destinatários originais de cartas vivem, na leitura de sua correspondência, uma *obra aberta*, sem saber como a próxima se relacionará com a anterior. Já a publicação de um conjunto de cartas transforma em *enredo* o que era *fragmento*.

Vantagem para o leitor do livro de cartas? Talvez. Ou melhor, depende...

Destinatários originais de cartões têm uma vantagem grande sobre *leitores* de *livros de cartas*. Por serem contemporâneos do autor, e por serem as pessoas para as quais as cartas foram redigidas, pode se supor que eles sejam capazes de entender todas as alusões de que a correspondência é sempre tão cheia. No caso dos postais aqui reproduzidos, por exemplo, com certeza a jovem noiva não pestanejava para decifrar iniciais, reconhecer nomes próprios e identificar lugares mencionados no texto.

Para superar esta desvantagem, de leitores póstumos de uma correspondência, existem notas de rodapé. Neste livro, tão cuidadosa e competentemente organizadas pelo professor Emerson Tin, elas *traduzem* e explicam para o tipo de leitores a que o livro se destina trechos e expressões julgadas de compreensão problemática.

A proposta de um sentido para certas passagens de um texto (e também para imagens e letreiros, no caso de postais) é um trabalho difícil, muitas vezes impossível de ser completamente efetuado. Mas sempre fascinante, ainda que inacabado. Por exemplo, o que seria o "12" que, espontaneamente, Purezinha ofereceu ao noivo? (cf. p. 62). Como estabelecer a data de alguns dos postais aqui reunidos? (cf. p. 24, 25 e 36). Em alguns casos, como aconteceu com o professor Emerson ao decifrar o código em que foi escrito o postal das p. 26 e 27, o pesquisador age como um verdadeiro detetive.

Aliás, todo leitor é sempre um pouco um *Sherlock,* e, além disso, olha o texto sempre a partir de seus próprios óculos. Mesmo que não os use!

Uma forma muito particular de olhar cartas e cartões-postais é ter presente que eles passaram pelas mãos do destinatário e do remetente. No caso de correspondência amorosa, sabe-se lá... Teriam sido beijados e acariciados antes de serem fechados no envelope? Teriam sido amassados e quase rasgados num momento de briga de namorados? Numa carta, Lobato comenta que antes de abrir o envelope aspirava o perfume da noiva de que o papel se impregnara.

A imaginação e a sensibilidade do leitor galopam...

Talvez por isso cartas e postais de escritores famosos alcançam, às vezes, preços muito altos em leilões e sempre emocionam os leitores que olham para eles como uma espécie de prolongamento de seu autor querido.

Outros olhares para cartas e postais ultrapassam o nível econômico e de fetiche. Vêem-nos como documentos importantíssimos para conhecimento de um povo, pois quase sempre, nas *mal-traçadas linhas*, registram-se costumes e práticas da sociedade por onde circularam.

Na correspondência aqui publicada, observa-se, por exemplo, que Monteiro Lobato assinava-se *Juca* ou *J* (cf. p. 33, 44, 46 e 48) nos cartões dirigidos à noiva, porém *Zé Bento* na carta em que pede a mão da moça ao pai dela, o dr. Natividade (cf. p. 66 e 67). Ainda que *Zé Bento* seja uma maneira informal de alguém que se chama José Bento assinar um texto, ela é bem menos informal do que o apelido familiar *Juca* ou a inicial *J*.

Mesmo as partes mais convencionais da correspondência, como o espaço destinado ao endereçamento, também são ricas em informações culturais. Os postais aqui reunidos mostram as diversas formas pelas quais Lobato *nomeava* a destinatária. Entre D., abreviatura de Dona (cf. p. 30, 36 e 84), Sta. ou Srta. abreviaturas de *senhorita* (cf. p. 28, 32, 42, 46 e 58), e *Mlle.* ou Mlle abreviatura de *mademoiselle*, palavra francesa que designa moça solteira (cf. p. 24, 44, 56 e 82), documenta-se o formalismo e afrancesamento da sociedade brasileira daquele tempo.

Ainda no que diz respeito ao endereçamento dos postais, ao dar a Purezinha o sobrenome *Natividade Lobato* (cf. p. 74) antes do casamento, o noivo Monteiro Lobato traz a irreverência que tanto marca sua obra para um espaço de preenchimento pré-determinado. Talvez, poucas pessoas vejam oportunidade de serem inventivas no espaço de indicação do destinatário, espaço que às vezes já vem parcialmente impresso, cabendo ao remetente apenas preencher lacunas. Mas nestes textos lobatianos aprendemos que, como somos todos senhores do que escrevemos, é sempre possível ser inventivo, mesmo no interior de formas fixas de linguagem.

Talvez se deva também à imensa inventividade lobatiana os textos que rabisca *por cima* da imagem de alguns cartões (cf. p. 25, 55, 61, 77, 79 e 83), rompendo assim uma convenção do *gênero* que reserva o *verso*, as costas em branco do cartão, para a mensagem, devendo a figura ficar intacta. Também no traçado caprichoso das letras, desenhadas de forma a comporem um todo harmonioso (cf. p. 46, 52, 68 e 70), podemos encontrar o artista plástico de gosto requintado que, aliás, assina o desenho do cartão da p. 25.

Observando a aparência dos postais, podemos ainda perceber como o remetente deles era cuidadoso: numa época em que estava em moda colecionar e trocar postais, parece que incomodava a Lobato o risco de cartões bonitos se estragarem se postados sem proteção e, por isso, solicitava à noiva que lhe enviasse envelopes (cf. p. 40, 68 e 70).

Assim, nas mãos de um correspondente tão íntimo da palavra escrita como Monteiro Lobato, vemos que o gesto de escrever pode sempre ser uma forma de criação, ainda que em espaços apertados e convencionais como um cartão-postal. Nos cartões aqui reproduzidos, frente e verso eram transformados em desafios para a imaginação do escritor apaixonado.

Para ele, escrever era uma espécie de *maneira de ser*. Desde que estudava Direito em São Paulo escrevia, sob vários pseudônimos, para jornais da faculdade e para jornais do interior paulista. Foi, aliás, um destes que recebeu as primeiras confissões amorosas do rapaz de 24 anos. Em 8 de março de 1906, versos assinados com o pseudônimo *Hélio Bruma* sublinhavam a beleza loira da moça reservada e, talvez, altiva:

É branca. Num torneio de brancuras
Ofuscaria o linho. É loura. O Sol
Em teia d'ouro um nimbo luminoso
De rainha, na fronte lhe teceu.
É bruma, é madrugada, é luz, é flor
Mas é gelo também[9]

---
[9] LOBATO, Monteiro. *Cartas de amor*. (Org. Cordélia Fontainha Seta). São Paulo: Brasiliense, 1969, p. 149.

Como já se disse, por enquanto sabe-se, infelizmente, muito pouco desta linda moça com quem Lobato se casaria dois anos depois. Dona Purezinha faz parte da multidão de mulheres que até hoje ficou à sombra de maridos famosos. No caso dela, escondida por trás da abundante escrevinhação, primeiro do noivo e depois do marido.

Será que ele a amava verdadeiramente? E ela... será que estava apaixonada? Será que foram felizes para sempre? Será... será... será?

As respostas são impossíveis.

Pois não se pode nem crer nem tampouco descrer do que se lê. Para termos uma medida dos riscos que corre o leitor que acredita piamente no que lê, também e sobretudo no que lê em cartas, vale a pena comparar o transbordamento sentimental das cartas e cartões de Lobato à noiva com o que dizia ele da noiva e do noivado para outros olhos e ouvidos que não os de sua bem-amada.

É em estilo seco e muito pouco romântico, que ele informa ao amigo Rangel de seu novo estado:

> *Estou noivo. Pedi no dia 12 e obtive a 15 a mão de Purezinha, filha do dr. Natividade que te examinou em Aritmética no Curso Anexo, minha prima longe, professora complementarista, loura, branca como pétala de magnólia, linda. Combinamos casar um dia.*[10]

A lista de apostos com que esta carta identifica e descreve a noiva parece guardar um eco de correspondência oficial. E a frase final, que anuncia sem nenhum entusiasmo planos vagos de um casamento, não combina com o conteúdo dos postais. Mas... será que tudo isso não é mera *pose*, fachada apenas, parte da retórica com que, entre homens solteiros, se simula desinteresse por assuntos sentimentais e matrimoniais?

Fica a dúvida, ainda que em outra carta ao mesmo amigo a sem-cerimônia aumente mais:

---

[10] LOBATO, Monteiro. *A barca de Gleyre*. São Paulo: Brasiliense, 1956, t. 1, p. 163.

> *(...) estou noivo já de um mês e boiando em plena lua de mel do noivado – e faço literatura amorosa às carradas. Inda ontem mandei para São Paulo 100 gramas de ternura gráfica. E tenho de mandar mais, para completar a "História Documentada do Meu Amor por Você", obra solicitadíssima, baseada em excertos do meu Diário, nas referências diretas ou indiretas que a Ela nele existem.*[11]

Nesta última carta, ao relato do noivado, segue-se menção à correspondência amorosa que é, aparentemente, ridicularizada, como se o Lobato correspondente de Rangel se risse do Lobato correspondente de Purezinha.

Mais estratégias retóricas? Mais construção de uma identidade masculina na qual não havia lugar para sentimentalismos?

Pode ser. Cada leitor decida!

O caso é que a contradição – se contradição houve – não atrapalhou o casamento, e em 29 de março de 1908 o jornal de Taubaté noticiava que:

> *"Realizou-se ontem em São Paulo o consórcio do nosso amigo, dr. José Bento Monteiro Lobato, nosso distinto conterrâneo e promotor público da comarca de Areias, com a gentil senhorita Maria da Pureza Natividade, dileta filha do sr. dr. Francisco de Gouvêa Natividade, e neta do sr. dr. Antonio Quirino de Souza e Castro".*[12]

Na tradição romanesca, os romances costumam acabar quando as personagens, na última página, ou no último capítulo, se casam. No caso, porém, de nossas personagens, Purezinha e Monteiro Lobato, talvez se possa imaginar que o romance se prolongou, renovando-se a partir do que viveram os antigos noivos de 1906 ao longo dos quarenta anos que passaram juntos.

---

[11] LOBATO, Monteiro. *A barca de Gleyre*. São Paulo: Brasiliense, 1956, t. 1, p. 164.
[12] http://lobato.globo.com/lobato_Linha.htm (consulta em 13.01.06)

Pois na década de quarenta, quando Lobato foi preso por crime político (desacato às autoridades em prol da defesa do petróleo), na longa carta que, num papel de embrulho (cf. MLb 3.1.00175 – p. 1), escreveu para a esposa, reafirma seu amor por ela em palavras até hoje comoventes:

Purezinha: (...) Penso em V. com uma ternura imensa e um imenso dó, e culpo-me de um milhão de coisas. Meu dever era só cuidar da tua felicidade, Purezinha, e no entanto passei a vida a te contrariar e a fazer asneiras que tanto nos estragaram a vida. Se eu te tivesse ouvido em negócios, minha situação seria hoje de milionário. Não ouvi, nem sequer te consultei, e o resultado foi desastroso. Cheguei até à prisão!

Depois de pensar e repensar em você e de convencer-me que apesar de todas as aparências, e da nossa eterna divergência, é você a <u>única</u> pessoa que eu <u>amo</u> no mundo, pulo para outra estação. (...)

A carta é de 1941. Quase quarenta anos depois do Convênio de Taubaté e do vôo do 14-Bis. O café não mais dava as cartas na política brasileira e a antiga invenção de Santos Dumont desembocava, no Brasil, na criação do Ministério da Aeronáutica. O mundo estava em guerra.

Neste novo cenário, a velha assinatura, *Juca*, dos tempos de noivado, que encerra a carta acima transcrita, parece levar-nos (a nós, leitores póstumos desta correspondência tão especial) de volta para aquele jovem advogado que, em dois anos de noivado, mandou para a noiva belos postais, em que com ajuda de fotos, desenhos e imagens coloridas, conjugava, de todas a formas e em todos os tempos, o verbo amar: te amei, te amo, te amarei para sempre...

Marisa Lajolo nasceu e vive em São Paulo e cursou Letras na Universidade de São Paulo, onde também concluiu Mestrado e Doutorado. É professora Titular do Departamento de Teoria Literária da Unicamp, onde – com o apoio do CNPq e da Fapesp – coordena o projeto "Monteiro Lobato (1882-1948) e outros Modernismos Brasileiros". Publicou *A formação da leitura no Brasil; Do mundo da leitura para a leitura do mundo; A leitura rarefeita; Literatura infantil brasileira: história e histórias; Monteiro Lobato, um brasileiro sob medida; Literatura: leitores e leitura; Como e por que ler o romance brasileiro*; além de ter organizado inúmeras antologias e publicado artigos em revistas especializadas no Brasil e no exterior.

3. Correio amoroso
Cartões-postais e transcrições

Como ler os cartões-postais

Mlle Purezinha Natividade
R. Santo Amaro 18
S. Paulo

MLb 3.1.00146 F

cartão desenhado por Lobato, sem data[1]

Este diabo foi pintado ontem à meia noite.
Bom dia!
J.

---

[1] Em carta a Purezinha, também não datada, mas provavelmente do ano de 1906, Lobato transcreve trechos de seu diário, e ali encontra-se a seguinte afirmação, de 11 de junho: "Esta manhã passei a pintar cartões e num deles fiz um diabo horrendo que receberás amanhã; lá digo que foi pintado à meia-noite, mas só para te assustar." (Fundo Monteiro Lobato – CEDAE, IEL/Unicamp, MLb 3.1.00016). Assim, se crermos na afirmação de Lobato, este cartão teria sido escrito e enviado no dia 11 de junho de 1906.

26

BRIEFKAART
(CARTE POSTALE)
Algemeene Postvereeniging (Union Postale Universelle)
Zijde voor het adres bestemd. (Côté réservé à l'adresse.)[1]

S.[tas] Purezinha e Noêmia[2]
R. S.[to] Amaro 18
S. Paulo

---

[1] Em português, cartão-postal / União Postal Universal / Lado reservado para o endereço.
[2] Noêmia Natividade, uma das irmãs mais novas de Purezinha.

MLb 3.1.00008 F

Mauritshuis - 's Gravenhage[3].
/ Abrahamson & van Straaten, Amsterdam.
/ REMBRANDT VAN RIJN[4].
/ Portret van den schilder als officier.
/ Portrait du peintre en officier.
/ Portrait of himself as an officer.
/ Bildniss Rembrandts als Offizier[5].

P. que não respondem
aos meus cartões? Es-
tarão zangadas comigo?
Vêm à festa?
Do primo
Juca

texto escrito em código[6] em torno do
retrato de Rembrandt

27

---

[3] Mauritshuis -'s Gravenhage (em holandês, literalmente, "casa de Maurício em Haia") era o palácio do Príncipe Johan Maurits van Nassau-Siegen (1604-1679), que esteve no Brasil durante a invasão holandesa no Nordeste, entre 1637 e 1644. Desde o século XIX o palácio se tornou um museu.
[4] Rembrandt Harmenszoon van Rijn (1606-1669), pintor e gravador holandês.
[5] Em português, retrato do pintor vestido como oficial.
[6] A partir da leitura das várias cartas de amor de Lobato, foi possível a decifração do código. Partindo de uma hipótese inicial, a de que as duas linhas abaixo do retrato constituíam a despedida, concluiu-se que os quatro caracteres da segunda linha deveriam ser o apelido "Juca" de Lobato, com o qual costumava assinar as cartas a d. Purezinha (bem como, em geral, as cartas para seus familiares). Partindo dessa hipótese inicial, e de dedução em dedução, chegou-se finalmente à decifração da mensagem.

MLb 3.1.00141 V

carimbo postal:
TAUBATÉ (S. PAULO)
25 SET 1906

28

Sta Purezinha Natividade
R. S. Amaro 18
S. Paulo

Pureza.
   Recebi tua cartinha que não posso responder hoje por estar com a mão direita inutilizada.
   O Dr. Urbano[1] rasgou-me o furúnculo e dói-me muito.
   Amanhã escrever-te-ei. Por que foste tão breve? Má!...
   Saudades a Noêmia[2].
   Do teu
   Juca.

---

[1] Possivelmente, dr. João Urbano Figueira (1864-1934), médico e cirurgião em Taubaté.
[2] Noêmia Natividade, uma das irmãs mais novas de Purezinha.

MLb 3.1.00026 V

carimbo postal:
AMB^TE NORTE
RAPIDO (3ª T.)
25 FEV 1907

30

Estou me preparando para te escrever amanhã uma grande carta...
Espera-a!
Juca

D. Purezinha Natividade
R. Santo Amaro 18
S. Paulo

MLb 3.1.00046 V

carimbo postal: (S. PAULO)

32

Exma Sr.^ta Purezinha Natividade
rua Santo Amaro 18
São Paulo

MLb 3.1.00046 F

cartão-postal: "O General Kuroki inspecionando uma fortificação abandonada pelos russos"

Fazenda Orizaba[1] *20.5.07*

Purezinha

Recebi teu cartãozinho e retribuo-o com este representando o General Kuroki[2] inspecionando uma fortificação abandonada pelos russos[3], na Manchúria[4]. Não nota uma vaga semelhança entre esse general e o teu Juca? Já sarei, só me resta a ressaca da festa, defluxo e um pouco de tosse. E tu?

Escreve-me.

Do teu

Juca

---

[1] Em carta a Purezinha, de 30 de abril de 1907, Lobato explica ser Orizaba o nome de uma fazenda: "Este lugar, homônimo de um pico mexicano [...] é o nome de uma fazenda de um antigo colega de colégio do teu avô, o Engenheiro Joaquim Leme, fazenda assim batizada por ser a mais alta deste município. Está a três léguas de Areias e constantemente quando nenhum serviço tenho, lá passo-me para ela demorando meus três, meus quatro dias." (Fundo Monteiro Lobato – CEDAE, IEL/Unicamp, MLb 3.1.00041).
[2] Tamemoto Kuroki (1844-1923), militar japonês que se distinguiu na guerra sino-japonesa (1894-5) e depois comandou o 1º exército durante a guerra russo-japonesa (1904-5), vencendo a batalha do Rio Yalu. Por seus serviços nessas guerras, recebeu o título de danshaku (barão) e depois o de hakushaku (conde) e, em 1917, tornou-se conselheiro privado.
[3] Lobato se refere a um possível episódio da Guerra russo-japonesa (1904-5), que terminou com a vitória do Japão.
[4] Manchúria, região localizada no nordeste da Ásia, abrangendo parte do território da China e da Rússia.

MLb 3.1.00086 V

carimbo postal:
AREAS (S. PAULO)
20 JUL 1907

34

BILHETE POSTAL[1]

    Senhorita
        Maria da Pureza Natividade
            Rua Santo Amaro 18
                <u>*San Paulo*</u>

---

[1] O bilhete-postal vinha definido na legislação dos Correios (art. 39 do Decreto nº 2.230, de 10 de fevereiro de 1896, que aprovava o regulamento dos Correios Federais) como "um cartão de dimensões determinadas, com selo postal fixo, destinado a receber em uma das faces o endereço e na outra o texto". Diferente, portanto, do cartão-postal, que estampa numa das faces uma ilustração e destina a outra para o endereço e o texto.

Purezinha

Ontem, estando no Orizaba, recebi a tua de 15, que responderei amanhã, sábado, conforme o trato. Vinte ainda... nove para mim fazer-te uma visita.

Do teu

J.

MLb 3.1.00142 V

BILHETE POSTAL[1]

Monteiro Lobato
D. Purezinha Natividade
r. Santo Amaro 18
S. Paulo

---

[1] Embora sem data, esse bilhete-postal deve ter sido escrito e enviado a Purezinha no mês de julho de 1907. Diz Lobato, em carta de 27 de julho: "O teu cartão recebido hoje comentando o que eu enviei com um grupo de moças entristeceu-me." (Fundo Monteiro Lobato – CEDAE, IEL/Unicamp, MLb 3.1.00059)

As areenses na inauguração da Santa Casa.[2]

---

[2] A Santa Casa de Misericórdia de Areias foi inaugurada no ano de 1907.

MLb 3.1.00060 V

carimbo postal:
AREAS (S. PAULO)
29 JUL 1907

BILHETE POSTAL

Senhorita Purezinha Natividade
Rua Santo Amaro 18
S. Paulo

Purezinha.

Mais moças areenses. O grande acontecimento local é o pedido da Amalie em casamento pelo Carlos[1]. Um sucesso monstro. Escreve-me.

Juca

---

[1] Possivelmente, Carlos de Barros Monteiro, delegado de Areias, com quem Monteiro Lobato dividia a casa em que morava.

Areias 12.
Purezinha
Esqueci-me, quando aí, de trazer envelopes para cartões postais, por isso peço-te que mos forneça. Tenho um sortimento bonito de cartões para te mandar e não quero que te cheguem aí sujos. Saudades a Noêmia[1].
    Do teu
    Juca

Senhorita Purezinha Natividade
rua Santo Amaro 18
S. Paulo

MLb 3.1.00071 F

Escreva-me.

escrito no canto superior esquerdo da imagem

41

---

[1] Noêmia Natividade, uma das irmãs mais novas de Purezinha. A constante referência a essa irmã de Purezinha explica-se pelo fato de que Noêmia era a irmã que permanecia na sala durante o encontro dos namorados, fato que motivou a seguinte carta de Lobato, do ano de 1906: "Já que a pragmática não permite a dois noivos o conversar a sós numa sala, deve, por coerência, estender semelhante fiscalização às cartas, pois que são elas palestras escritas; chama, portanto, a pobrezinha da Noêmia para junto de ti, a vigiar a leitura desta." (Fundo Monteiro Lobato – CEDAE, IEL/Unicamp, MLb 3.1.00003)

Areias 16.9.07

Purezinha

    Recebi a tua de ontem e com ela os envelopes. Tu, aí, tens a obrigação de te divertires dobradamente, por mim e por ti; não deixe portanto escapar cousa. E festas como essa que me descreves, ao ar livre, são grandemente benéficas, a gente vem dela mais oxigenado de alma e corpo, mais leve, mais amigo da vida. Lembro-me de ter assistido uma festa israelita (inauguração do clube de regatas) e ainda hoje conservo a impressão recebida como um ponto luminoso na minha memória. Tive júri[1] hoje; felizmente acabou cedo e não há mais nada para esta sessão.

    Abraços do teu

    Juca

Sta Purezinha Natividade
rua Santo Amaro 18
S. Paulo

MLb 3.1.00074 F

– Como achas esta paisagem?

escrito na frente do cartão, acima das árvores

43

---

[1] Lobato, formado em Direito pela Faculdade do Largo de São Francisco, em São Paulo, em 1904, exerceu a função de promotor público interinamente em Taubaté, em 1906, e com cargo efetivo em Areias, entre os anos de 1907 e 1911.

Ar. 21
A chuva veio desorganizar a festa, adiando-a para 2ª feira. Mesmo assim inda há rezas e música. Que bonito uma festinha da roça! Dá-me idéia daquelas festinhas do Barranco...
J.

M.lle Purezinha Natividade
rua Santo Amaro 18
S. Paulo

MLb 3.1.00076 F

MLb 3.1.00077 V

carimbo postal:
AREAS (S. PAULO)
23 SET 1907

46

Areas 22.9.07

    Escrevo-te ao fim da festa, depois do clássico leilão e do cavalinho de pau, onde as moças, tal qual como no Tremembé[1], estão dando voltas. Hoje nas tribunas, na missa cantada, onde estavam arrulhando os dois casais de noivos daqui chamaram-me de cachorrinho sem dono, tão só eu estava... Mas um dia virá em que...

J.

S.ta Purezinha N.
S. Amaro 18.
<u>S. Paulo.</u>

---

[1] Município ao norte de Taubaté, SP, emancipado de Taubaté a 26 de novembro de 1896. O avô de Monteiro Lobato, José Francisco Monteiro (1830-1911) fora agraciado por D. Pedro II com os títulos de Barão (30 de maio de 1868), pelos serviços prestados durante a Guerra do Paraguai, e Visconde de Tremembé (7 de maio de 1887).

MLb 3.1.00077 F

*cartão-postal:
pintura de P.
Schreckhaase*[2]

47

---

[2] Paul Schreckhaase (?-1912), pintor alemão, falecido em Berlim. Pintava principalmente paisagens e marinhas (quadros com cenas marítimas).

48

23.9.07
Fim de festa...
Recebi as cartas.
Juca.

Senhorita Purezinha Natividade
rua Santo Amaro 18
S. Paulo

MLb 3.1.00078 F

carimbo postal:
AREAS (S. PAULO)
2 OUT 1907

50

P.
Recebeste uma trindade fotográfica? Por aqui saudades intensas. Já é tempo de matá-las, não? Mas não quero ir sem ter dado um novo passo. Ando com várias coisas vistas e talvez seja para breve[1].

J.

S.ta Purezinha Natividade
18, rua S. Amaro
S. Paulo

MLb 3.1.00080 F

[1] Possível alusão à sua situação como promotor em Areias. Lobato tentava, sem sucesso, obter uma promotoria mais próxima de sua noiva ou, pelo menos, próxima de uma estrada de ferro. Já numa carta de 3 de junho de 1907 reclamava para Purezinha: "Que vontade eu tinha de que conhecesses Areias! Deixa estar, um dia haveremos de cá vir juntos. Queres? Não ser Areias servida por estrada de ferro!... Fosse-o, e aqui começaríamos nossa vida de casados. O que a mata e a estraga é só isso – falta do trem." (Fundo Monteiro Lobato – CEDAE, IEL/Unicamp, MLb 3.1.00051).

carimbo postal:
AREAS (S. PAULO)
3 OUT 1907

P.
Já não tolero um mês de ausência. Sinto os pendores dum desespero, duma ânsia de ir. Talvez chegue aí com o Rio Branco[1]. Inda não marquei o dia, mas não aguento me demorar mais.
Do teu
Juca

Sta Purezinha Natividade
18, r. Santo Amaro
S. Paulo

MLb 3.1.00081 V

[1] Trata-se de alusão ao Barão do Rio Branco, José Maria da Silva Paranhos Júnior (1845-1912), professor, jornalista, político e diplomata brasileiro, que seria homenageado, no dia 5 de outubro de 1907, por alunos e professores da Faculdade de Direito do Largo de São Francisco, em São Paulo – onde também estudou –, sendo saudado por Pedro Lessa (1859-1921), um dos professores da Faculdade que Lobato mais admirava.

MLb 3.1.00082 V

carimbo postal:
AREAS (S. PAULO)
4 OUT 1907

54

Purezinha.

Terça, 8, aí estarei. Não me é possível sair antes. Rio Branco[1] adeus, mas encarrego-te de assistir às festas por mim. Vai comigo o Samuel Miller[2] que pela 1ª vez visita S. Paulo. Vou levá-lo comigo para que o conheças.

Escreve-me, escreve-me duas cartas antes de eu ir, para iludir a impaciência.

Do teu

Juca

S.ta Purezinha Natividade
18, rua S. Amaro
S. Paulo

MLb 3.1.00082 F

55

<u>*Chuva iminente*</u>

escrito na frente do cartão, sobre a imagem do céu nublado

---

[1] Alusão à homenagem feita por alunos e professores da Faculdade de Direito do Largo de São Francisco, em São Paulo, ao Barão do Rio Branco que ocorreria no dia seguinte, 5 de outubro de 1907.
[2] Um dos amigos com quem o promotor público de Areias, Monteiro Lobato, e o delegado, Carlos de Barros Monteiro, dividiam a casa em Areias: "Moramos juntos num grande sobrado com mais dois excelentes rapazes fluminenses que têm loja de fazenda aqui, Samuel e Ismael Miller. Uma verdadeira república que tem estado constantemente cheia de visitantes". (Carta de Monteiro Lobato a Purezinha datada de 2 de abril de 1907; Fundo Monteiro Lobato – CEDAE, IEL/Unicamp, MLb 3.1.00031).

Mlb 3.1.00083 V

carimbo postal:
AREAS (S. PAULO)
5 OUT 1907

Areias 4.
Recebi tua carta. Vamos 2ª feira, pelo rápido[1]. Às 7 ½ ou 8 h. aí estarei e talvez vá comigo o Samuel[2]. Quero que ele te conheça.
Adeus
Juca

M.lle Purezinha Natividade
18, rua Santo Amaro
S. Paulo

MLb 3.1.00083 F

---
[1] Rápido: "trem de longo percurso que corre durante o dia e só pára em determinadas estações". (OLIVEIRA, Cândido de (org.). *Dicionário Mor da Língua Portuguesa*. São Paulo: Livro'Mor Editora, s/d, v. 4, p.1867.)
[2] Samuel Miller, já mencionado no cartão anterior.

MLb 3.1.00145 V

carimbo postal:
AMB[TE] NOCTURNO
17 OUT [1907]?

À Sta *Purezinha Natividade*
    R. Santo Amaro 18
        S. Paulo

cartão-postal – retrato do Príncipe Kan'in Kotohito[1]

Taubaté 16. P.

Desta vez não perdi o trem, infelizmente... e cá cheguei são e salvo. Vou visitar o Bento[2] com o Eugênio[3] depois do jantar e amanhã me ponho a caminho.

Adeus, um milhão de saudades do teu

J.

---

[1] Príncipe Kan'in Kotohito (1865-1945). Membro da família imperial japonesa e oficial do exército, estudou táticas militares e tecnologia na França. Participou das guerras sino-japonesa (1894) e russo-japonesa (1904-5), subindo ao posto de tenente-general em 1905 e se tornando o comandante da Divisão da Guarda Imperial em 1906. O texto em japonês (Kan'in no-miya denka) significa "Sua Alteza Príncipe Kan'in".
[2] Possivelmente, Bento Joaquim de Souza e Castro, tio de Purezinha.
[3] Possivelmente, Eugênio de Paiva Azevedo, a quem Monteiro Lobato alude numa carta a Godofredo Rangel: "Sabe em que penso agora? Em indústria! Uma fábrica de doces em vidros, geléias inglesas, sistema Morton ou Teyssoneau. A firma será Lobato & Paiva. O Paiva é o Eugênio de Paiva Azevedo, meu companheiro de planos". (LOBATO, Monteiro. *A barca de Gleyre*. São Paulo: Brasiliense, 1964, t.1, p.113.)

MLb 3.1.00084 V

carimbo postal:
AREAS (S. PAULO)
18 OUT 1907

60

S.ᵗᵃ *Purezinha Natividade*
rua Santo Amaro 18
S. Paulo

MLb 3.1.00084 F

Areias Quinta

Pur.

Acabo de chegar e encontrei em caminho o Rangel[1] *que me vinha visitar e cá está comigo. Breve te escreverei contando coisas agradáveis.*

Saudade do teu Juca

NÓS

escrito acima do casal

Nossa casinha

escrito abaixo do castelo, ao fundo

---

[1] José Godofredo de Moura Rangel (1884-1951), juiz e escritor mineiro, foi colega de Monteiro Lobato na Faculdade de Direito do Largo de São Francisco, em São Paulo, donde data o início de sua amizade, que irá perdurar até a morte de Lobato em 1948. Dessa amizade resultou abundante correspondência, publicada parcialmente em *A barca de Gleyre* (1944). Rangel escreveu alguns livros, dentre os quais se destaca *Vida ociosa*, publicado pela casa editorial de Monteiro Lobato em 1920.

Areias 21.10.07
Purezinha
Que contraste entre o domingo de hoje, passado inteirinho enclausurado em meu quarto e o anterior passado aí, a acalmar os teus nervos irritados! Que dia delicioso aquele cujo remate foi um 12 que espontaneamente me ofereceste!...
Escreve-me.
Juca

Senhorita Purezinha Natividade
rua Santo Amaro 18
S. Paulo

MLb 3.1.00087 F

cartão-postal:
pintura de P.
Schreckhaase[1]

Saudades...
escrito no canto superior direito da imagem

[1] Paul Schreckhaase (?-1912), pintor alemão, falecido em Berlim. Pintava principalmente paisagens e marinhas (quadros com cenas marítimas).

Bocaina 12[1]

Purezinha, vai este cartão rabiscado às pressas pelo meu companheiro que retorna hoje. Fico só, com meus pincéis e a tua imagem na lembrança. Adeus, amanhã te escreverei longamente.

---
[1] Esse cartão deve datar do princípio do ano de 1908, possivelmente 12 de janeiro de 1908, já que os meses seguintes de fevereiro e março Lobato passaria em Areias, na expectativa de seu casamento com Purezinha.

MLb 3.1.00147 F

cartão-postal: KÖNIGIN LUISE MIT DEM PRINZEN WILHELM[2] / VON PROFESSOR SCHAPER[3] / ATELIER GEBR. MICHELI[4], BERLIN, 1907

---

[2] A escultura *Rainha Luísa com o Príncipe Guilherme*, de 1897, retrata a rainha da Prússia, um dos antigos Estados alemães, Luísa de Mecklemburgo-Strelitz (1776-1810) com o príncipe Guilherme (1797-1888), que viria a se tornar o rei Guilherme I da Prússia (1861-1888) e imperador alemão (1871-1888). A rainha Luísa teve um papel histórico importante ao tentar comover Napoleão quando da assinatura dos Tratados de Tilsit, em 1807.
[3] Fritz Hugo Wilhelm Schaper (1841-1919), escultor alemão de grande importância no fim do século XIX.
[4] Atelier Gebr. Micheli: a cópia em gesso da escultura de Schaper, cuja fotografia foi estampada neste postal, foi realizada pela oficina de cópias em gesso (Gebrüder Micheli, Schiffbauerdamm, Berlin) dos irmãos Micheli, Aurélio (1834-1908) e Cláudio, no ano de 1906. A oficina dos irmãos Micheli chegou a ter em seu catálogo, no seu período de auge, em torno de mil peças de todas as épocas da história da arte.

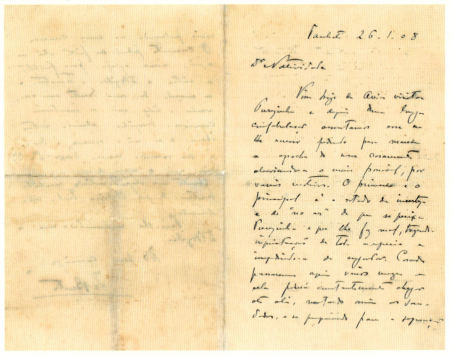

Taubaté 26.1.08
Dr. Natividade[1]

Vim hoje de Areias visitar Purezinha e depois duma longa confabulação assentamos em eu lhe escrever pedindo para marcar a época do nosso casamento abreviando-a o mais possível, por vários motivos. O primeiro e o principal é o estado de incerteza e de "no ar" de que se queixa Purezinha e que lhe faz mal, trazendo inquietações de toda a espécie e impedindo-a de engordar. Casados passaremos aqui vários meses e ela poderá constantemente chegar até aí, matando assim as saudades, e se preparando para a separação mais prolongada na nossa comarca.

---

[1] Francisco Marcondes Gouvêa Natividade (?–1910), pai de Purezinha. Bacharel em Direito, advogado em São Paulo, foi lente de matemática no curso anexo à Faculdade de Direito de São Paulo (LEME, Luiz Gonzaga da Silva. *Genealogia Paulista*. São Paulo: Duprat & Comp., 1904, v. VII, p. 379. Disponível em http://www.geocities.com/lscamargo/gp/CosCabrais.htm Consulta em 29.12.05).

MLb 3.1.00156 p. 2

O casamento poderá ser feito aí ou aqui, numa igreja, para facilitar, e evitar à D. Brazília[2] o transtorno e a maçada[3] de, com doente em casa[4], receber e lidar com os inevitáveis convivas. Purezinha abunda nestas idéias e se não o escreve é devido à sua excessiva reserva. Passo a 2ª e a 3ª feira aqui à espera da sua resposta.

Muito nos alegrou notícia recebida ontem de que Heloísa tinha melhorado. Peço-lhe recomendar-me a D. Brazília.

Do seu amigo
Zé Bento

---

[2] Brazília Souza e Castro Natividade, mãe de Purezinha.
[3] Maçada: aborrecimento, importunação, atividade entediante.
[4] A "doente em casa" era Heloísa, irmã de Purezinha, que viria a falecer meses depois.

Pureza

Recebi cartão e carta. Em vista de já te ires, mudam-se-me os planos. Passo este mês aqui, sem te ver e em princípios de Março licencio-me e, aí, esperarei o venturoso dia[1]. Não fica bem assim?

Adeus, um abraço do

teu

Juca

(Manda-me envelopes para cartões postais, que os não há aqui e tenho lindos para te enviar.)

S.ta Purezinha Natividade
Taubaté

MLb 3.1.00148 F

cartão-postal – *LE RAPTE DES SABINES*[2] *DE BOLOGNA*[3] *– ATELIER GEBR. MICHELI*[4]*, BERLIN 1906*

---

[1] Lobato alude ao dia do casamento, que ocorreria a 28 de março de 1908.
[2] A escultura *O Rapto das Sabinas* retrata um episódio lendário da história romana, ligado aos sabinos, povo que habitava a Sabínia, na Itália Central, a nordeste de Roma. Sob ordens de Rômulo, o primeiro rei de Roma, que estaria preocupado com a falta de mulheres em sua cidade, os romanos raptaram as mulheres sabinas durante uma festa em honra de Netuno para a qual haviam convidado os vizinhos sabinos. O episódio é narrado por Tito Lívio em sua *Ab urbe condita libri*, I, 9, 6-14 (*História de Roma desde a sua fundação*).
[3] Giovanni da Bologna (c.1524-1608), escultor italiano, ligado à Casa dos Medici. A escultura *O Rapto das Sabinas* foi executada entre os anos de 1581 e 1583 e se encontra na Loggia dei Lanzi em Florença.
[4] Atelier Gebr. Micheli: a cópia em gesso do *Gladiador Borghese*, cuja fotografia foi estampada neste postal, foi realizada pela oficina de cópias em gesso (Gebrüder Micheli, Schiffbauerdamm, Berlim) dos irmãos Micheli, Aurélio (1834-1908) e Cláudio, no ano de 1906.

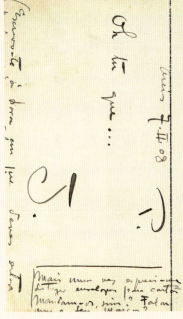

Areias 7.II.08
P.
Oh tu que...
      J.
(Escrevo-te à hora em que deves
estar pondo o pé em S. Paulo)

Mais uma vez esqueci-me de trazer
envelopes para cartão. Manda-mos,
sim? Falou com o Seu Marcos[1]?

Ex.ma Sta Purezinha N.
r. Sto Amaro 18
S. Paulo

---

[1] Possivelmente, Marcos Marcondes Natividade, tio de Purezinha, casado com Nicácia Natividade, irmã de Brazília Souza e Castro Natividade, mãe de Purezinha.

MLb 3.1.00135 F

cartão-postal: ELEKTRISCHER FUNKE. / ÉTINCELLE ELECTRIQUE[2] // AE 2511 // Prof. REINHOLD BEGAS[3], / BERLIN.

---

[2] *Elektrischer Funke / Étincelle Electrique*: em português, *Fagulha elétrica*.
[3] Reinhold Begas (1831-1911), escultor alemão de estilo naturalista, de grande influência na Alemanha de seu tempo, sobretudo em Berlim.

carimbo postal:
AREAS (S. PAULO)
16 FEV 1908

S.ta Purezinha Natividade
r. S.to Amaro 18
S. Paulo

P.

Recebi tua carta de 14. Não te escrevi longamente porque não tenho que te dizer, epistolarmente, — estou no período do viva voz. Já vai longe o período do Sim, com as frases meticulosamente feitas, onde se procura variar o tema eterno.

Os meus dias são, aqui, absorvidos pela aquarela e passo-os assim menos fastidiosamente. Já escrevi o requerimento pedindo licença e amanhã devo mandá-lo. Depois de concedida tenho um mês para entrar no gozo dela. Por isso, se vires nas folhas a notícia da licença não a confundas com a época da minha ida para aí. Manda dizer que gênero de marca[1] vocês estão querendo que te mandarei um monograma apropriado; quero que ao menos alguma coisa tenha marca colaborada por mim. Manda-me sempre notícias da Heloísa[2]. Adeus. Recebe o abraço do teu Juca.

MLb 3.1.00149 F

cartão-postal – LUTTEUR BORGHESE[3] / ATELIER GEBR. MICHELI[4], BERLIN 1906

---

[1] Marca é a letra ou sinal que se escolhe para bordar numa peça. Ao tempo de Lobato, todas as peças do enxoval eram bordadas com monogramas que incluíam as iniciais dos noivos.
[2] Heloísa Natividade, uma das irmãs mais novas de Purezinha, que estava adoentada.
[3] *Lutteur Borghese*: em português, *Lutador Borghese*. Trata-se da cópia de uma escultura grega em mármore, datada do século I a. C. A escultura pertence à Galleria Borghese, de Roma, e faz parte da coleção que foi reunida pelo Cardeal Scipione Borghese (1576-1633) a partir de 1608, daí o título *Lutador Borghese*.
[4] Atelier Gebr. Micheli: a cópia em gesso do Gladiador Borghese, cuja fotografia foi estampada neste postal, foi realizada pela oficina de cópias em gesso (Gebrüder Micheli, Schiffbauerdamm, Berlim) dos irmãos Micheli, Aurélio (1834-1908) e Cláudio, no ano de 1906.

Areias 19.2.08

Pureza.

Faltam 20 dias justos para o nosso casamento[1]. Só temos esse mês de solteiragem!... É assombroso, não? Eu *quase* que não acredito *bem*... E dentro de 10 dias está fevereiro enterrado – o nosso último mês de solteiros – e eu aí verei, ao pé de ti, irem-se um a um os dias da espera... É espantoso! Não achas?

Adeus. Abraça-te o

Juca

A Ex.ma S.ta Pureza Natividade Lobato
rua Santo Amaro 18
S. Paulo

MLb 3.1.00136 F

cartão-postal – ARIADNE[2] / ROM – VATICAN / ATELIER – GEBR. MICHELI[3], BERLIN 1906.

---

[1] Contudo, o casamento só se realizou a 28 de março de 1908, possivelmente em razão do adoecimento de Heloísa, uma das irmãs mais novas de Purezinha, que viria a falecer, aos 7 anos, em julho do mesmo ano.

[2] O cartão estampa a fotografia de uma cópia em gesso da escultura de *Ariadne adormecida*, do séc. II a. C., do acervo do Museu do Vaticano. A escultura refere-se ao episódio em que Teseu, o herói grego que matara o Minotauro, ao fugir da ilha de Creta levando Ariadne, filha do rei Minos, decide parar na ilha de Naxos, onde a abandona dormindo.

[3] Atelier Gebr. Micheli: a cópia em gesso de *Ariadne*, cuja fotografia foi estampada neste postal, foi realizada pela oficina de cópias em gesso (Gebrüder Micheli, Schiffbauerdamm, Berlim) dos irmãos Micheli, Aurélio (1834-1908) e Cláudio, no ano de 1906.

MLb 3.1.00137 V

carimbos postais:
AREAS (S. PAULO)
21 FEV 1908 / AMB.TE
NORTE RAPIDO
(1.AT.) 21 FEV 1908

76

S.ta Purezinha Natividade
rua S. Amaro 18
S. Paulo

P.
Tua última data de 14; hoje é 21. Serão os bordados que te fazem assim esquecida de quem não deixa passar dia sem te mandar uma linha? Estou ansiosíssimo para que venha logo a licença a fim de azular[1] para aí. Este mês de Fevereiro tem para mim não 29 mas 209 dias, tão longos são os dias da espera impaciente. Adeus, mil abraços do teu

Juca

---

[1] Azular: "(Bras.) Escapar ligeiramente". (OLIVEIRA, Cândido de (org.). *Dicionário Mor da Língua Portuguesa*. São Paulo: Livro'Mor Editora, s/d, v. 1, p. 313.)

MLb 3.1.00138 V

carimbo posta:
AREAS (S. PAULO)
22 FEV 1908 /
AMB[TE]
NORTE RAPIDO
(2ªT.) 22 FEV 1908

78

À Ex.ᵐᵃ Sᵗ.ª Maria da Pureza Natividade L.
rua de Santo Amaro 18
S. Paulo

Ar. 22.2.08

Purez.

Tua última data de 14 e hoje é 22; estou apreensivo – será preguiça ou há cousa mais grave? Ontem foi-me concedida a licença e em terminado um negócio que me retém aqui este resto de mês, estarei velejando para a tua banda. Adeus, recebe as intensas saudades do teu Juca (faltam só 27 dias!)

Areas 26.2.08   À S.ta Purezinha Natividade

Purezinha   rua S. Amaro 18

    Estou à espera da portaria de licença para rodar para aí. Encomendei ao Luiz que a tirasse, por carta, há 3 dias, e espero-a amanhã ou depois. Pretendo passar a metade do Carnaval[1] aí. Vais ao Internacional este ano? Aqui já começou o entrudo[2]. Já anda à venda pelas ruas "limões de cheiro"[3], os clássicos, antigos, de cera, a vintém. Contaram-me hoje que um grupo de moças está se preparando para me dar um banho (talvez me achem precisado disso, vendo-me tão preto) e quero sair daqui antes do desfecho do complô.

    Adeus   Juca

cartão-postal – WALPURGISNACHT[4] / PROF. E. HERTER[5] / LE SABBAT DES SORCIÈRES[6]

---

[1] O Carnaval no ano de 1908 ocorreu no dia 3 de março (terça-feira).

[2] Entrudo: "o mesmo que carnaval; festas de três dias que antecedem à quaresma. (Bras.) Brincadeira que consistia em jogar água nos outros, servindo-se de limões-de-cheiro ou outros meios". (OLIVEIRA, Cândido de (org.). *Dicionário Mor da Língua Portuguesa*. São Paulo: Livro'Mor Editora, s/d, v. 2, p. 893.)

[3] Limão-de-cheiro: o mesmo que lima-de-cheiro, é uma "pequena bola oca de cera ou borracha, cheia de água perfumada, usada durante o entrudo, e que se jogava nos foliões". (OLIVEIRA, Cândido de (org.). *Dicionário Mor da Língua Portuguesa*. São Paulo: Livro'Mor Editora, s/d, v. 3, p. 1351.)

[4] *Walpurgisnacht*: em português, *Noite de Walpurgis*. A data da *Walpurgisnacht* coincide com o equinócio da primavera, mas o culto pagão acabou sendo cristianizado, já que Walpurgis é o nome de uma santa inglesa cuja festa ocorria a 1º de maio. Segundo a lenda, na *Walpurgisnacht* ocorre uma reunião de bruxas e demônios. A lenda foi utilizada por Goethe no *Fausto*, quando Mefistófeles leva Fausto a presenciar os rituais da *Walpurgisnacht*.

[5] Ernst Gustav Herter (1846-1917), escultor alemão. A escultura *Walpurgisnacht* foi executada em 1905.

[6] *Le Sabbat des Sorcières*: em português, *O sabá das feiticeiras*.

Mlle.
   Purezinha Natividade
        R. Santo Amaro 18
             S. Paulo

cartão-postal – Friedrich Nietzche[1]

Querida Purezinha.

O teu cartão de ontem – o 1º que te dei – encontrou-me fechando as malas para partir. Chegasse meia hora mais tarde e já não me encontraria. Agradeço-te o teres me proporcionado esse prazer no desconsolado momento da partida. Logo que chegar escrever-te-ei longamente. Se pudesses entrar dentro de mim certo momento e ver como tenho o coração roído de saudades... Nunca as senti tão intensas como agora. Por que será? Sei que vens logo para a chácara, a engordar... Mazinha! Esperou que eu saísse... Mas hei de vir logo que chegues; ontem fui lá, procurar o Bento, que não estava pois já tornara à cidade desesperado com o vazio da chácara. Adeus. Escreve-me sempre

Juca

---

[1] Friedrich Wilhelm Nietzsche (1844-1900), filósofo alemão. Lobato foi leitor da obra de Nietzsche na juventude e chegou a traduzir para o português, com base na tradução francesa de Henri Albert, em 1906, dois de seus livros: *O crepúsculo dos ídolos* e *O anticristo*. Os manuscritos originais das traduções encontram-se depositados no Fundo Monteiro Lobato – CEDAE, IEL/Unicamp (MLb 4.1.00013).

Ex.ᵐᵃ Sʳᵃ D. Purezinha Natividade
R. Santo Amaro 18
S. Paulo

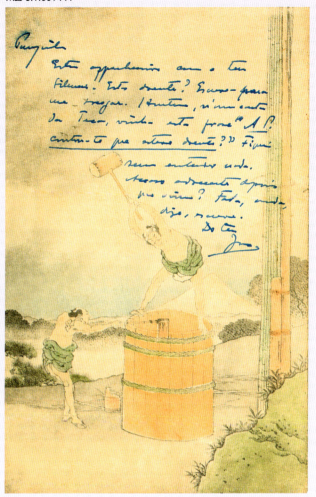

Purezinha

Estou apreensivo com o teu silêncio. Estás doente? Escreve – para me sossegar. Ontem, numa carta da Teca[1], vinha esta frase "<u>A P. contou-te que esteve doente?</u>" Fiquei sem entender nada.

Acaso adoeceste depois que vim? Fala, anda, dize, escreve.

Do teu   Juca

---
[1] Teca, apelido de Esther Monteiro Lobato, irmã do escritor.

MLb 3.1.00150 V

BILHETE POSTAL

86

BILHETE POSTAL

Mª Purezinha Natividade

MLb 3.1.00150 F

Areias sexta-feira
Purezinha
Hoje te logrei e só amanhã receberás a carta que aí devia chegar hoje. A culpa do atraso não é minha; deixei de te escrever, como de costume, só isto, mas voltando um pouco tarde para casa hoje (9 horas) o frio faz-se tamanho que os dedos logo se entanguiram e me é de todo impossível escrever mais que estas linhas. Estou tiritando, a bater os dentes. O Itatiaia[1] amanheceu coberto de neve. Lindo!
Juca

---

[1] Trata-se do Pico do Itatiaia, ponto mais alto do maciço das Agulhas Negras, com 2.787 metros. O Pico do Itatiaia está localizado no Parque Nacional de Itatiaia, criado em 1913, e que fica na divisa dos Estados de Minas Gerais e Rio de Janeiro.

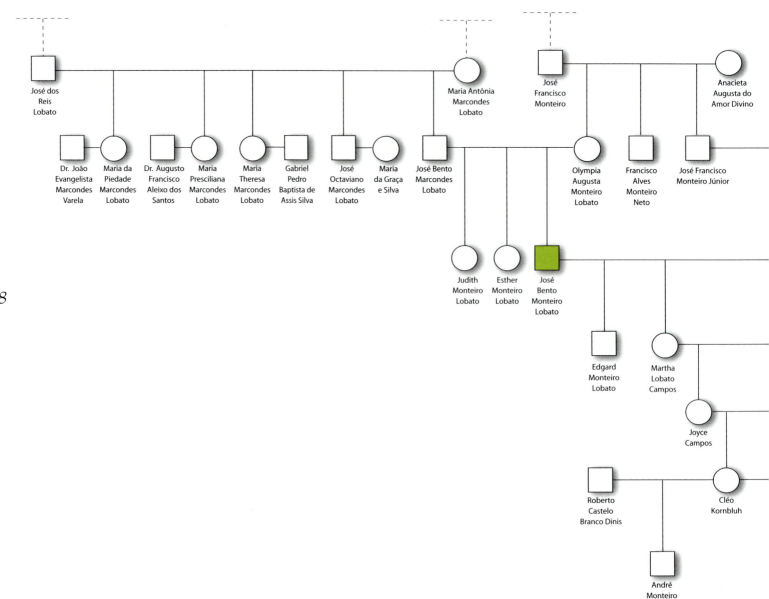

4. Árvore genealógica

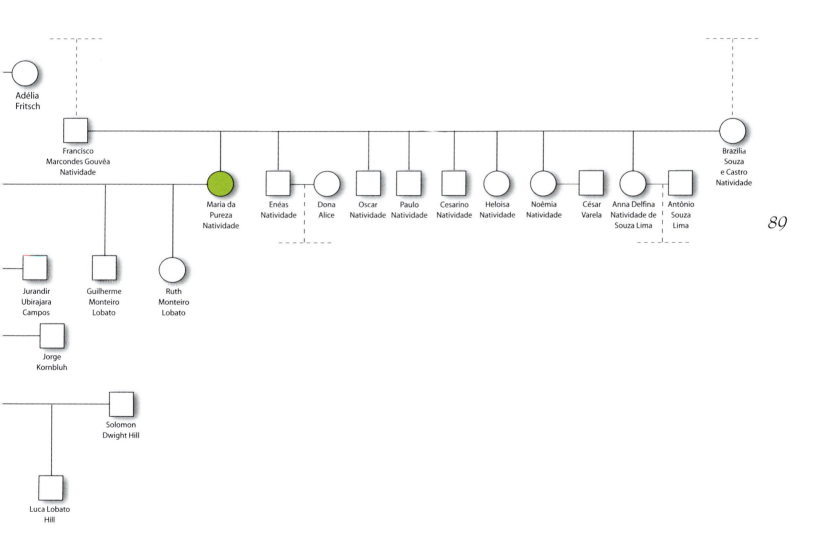

89

5. Biografias

Monteiro Lobato

JOSÉ (BENTO) MONTEIRO LOBATO nasceu em Taubaté, no interior de São Paulo, em 18 de abril de 1882. Estudou direito, foi proprietário de fazendas, viveu por alguns anos nos Estados Unidos como funcionário da Embaixada, liderou campanhas e empresas voltadas para petróleo e ferro. Mas foi como escritor e tradutor que ganhou fama e o coração dos brasileiros.

Escreveu inúmeros artigos para jornais e revistas (que mais tarde reuniu em livros), contos, um romance e a célebre coleção de livros infantis cujas histórias giram em torno do *Sítio do Picapau Amarelo*.

Morreu em São Paulo em 4 de julho de 1948, mas permanece vivo tanto através de sua obra que continua encantando gerações e gerações, quanto através das inúmeras bibliotecas e escolas que, em todo o Brasil, tomam emprestado o nome do escritor que criou a moderna literatura infantil brasileira.

PRINCIPAIS OBRAS DE MONTEIRO LOBATO: a) não infantis: *Urupês* (1918); *Cidades mortas* (1919); *Negrinha* (1920); *Jeca Tatuzinho* (1924); *O choque das raças* ou *O presidente Negro* (1926); *A barca de Gleyre* (Quarenta anos de correspondência literária) (1944); *Zé Brasil* (1947); b) obras infantis: *Reinações de Narizinho* (1931); *Viagem ao céu* (1932); *Memórias da Emília* (1936); *Dom Quixote das crianças* (1936); *Histórias de Tia Nastácia* (1937); *O poço do Visconde* (Geologia para crianças) (1937); *O picapau amarelo* (1939); *A chave do tamanho* (1942).

Maria da Pureza Natividade (Purezinha)

MARIA DA PUREZA NATIVIDADE – mais tarde Maria da Pureza Monteiro Lobato – nasceu em 7 de agosto de 1885 no interior de São Paulo. Provinha de família grande e socialmente importante, do Vale do Paraíba. Era professora e, antes de casar-se (o que ocorreu em março de 1908), trabalhou no prestigioso Colégio Stafford, em São Paulo. Casada com o escritor Monteiro Lobato, acompanhou o marido pelos vários lugares onde ele se fixou: Areias, São Paulo, Rio de Janeiro, Nova York e Buenos Aires. Teve quatro filhos: Marta, Edgar, Guilherme e Ruth, dois dos quais morreram muito jovens. Junto com a filha caçula Ruth, depois da morte do marido em 1948, Purezinha organizou a vasta documentação deixada por ele, tendo sido fator decisivo na construção da memória de Monteiro Lobato. Faleceu em 27 de abril de 1959.